LES

MANUSCRITS ANCIENS

A

L'EXPOSITION UNIVERSELLE

PAR

HENRI DE LA BROISE

PARIS
IMPRIMERIE ADOLPHE LAINÉ
RUE DES SAINTS-PÈRES, 19

1869

LES

MANUSCRITS ANCIENS

A

L'EXPOSITION UNIVERSELLE

PAR

HENRI DE LA BROISE

PARIS
IMPRIMERIE ADOLPHE LAINÉ
RUE DES SAINTS-PÈRES, 19

1869

PRÉFACE.

L'opuscule qu'on va lire n'est point une nouveauté ; il a déjà été publié par l'*Union* dans ses numéros du 10 et 18 septembre et du 10 octobre 1867. En réunissant en une brochure ces articles aujourd'hui dépourvus d'actualité, nous cédons au désir de quelques amis qui regrettent de n'avoir pu se procurer les numéros qui contiennent ce petit travail.

Nous n'avons rien changé d'essentiel à notre pensée première, à peine avons-nous introduit quelques corrections de détail : on ne doit donc point s'attendre à trouver ici une histoire des manuscrits. Nous avions voulu seulement, en écrivant les lignes qu'on va lire, décrire les trésors que la générosité de leurs possesseurs livrait momentanément à notre étude ; et, afin de rendre ces descriptions saisissables à tous, nous les avions fait précéder de quelques notes rapides sur l'ensemble de la décoration des manuscrits et sur les variations que chaque époque a fait subir à leur ornementation.

Nous souhaitons que nos lecteurs retrouvent dans ces pages les impressions qu'ils ont eux-mêmes éprouvées, et nous nous estimerons heureux si nous avons pu raviver dans leur esprit le souvenir, hélas! déjà lointain, des merveilles bibliographiques qu'il nous a été donné d'admirer pendant quelques mois.

Laval, avril 1869.

LES

MANUSCRITS ANCIENS

A

L'EXPOSITION UNIVERSELLE.

Si la partie de l'Exposition qu'on a décorée, trop pompeusement peut-être, du nom d'*Histoire du travail*, présente de nombreuses lacunes, il faut, du moins, reconnaître qu'elle est assez complète en ce qui concerne l'art du calligraphe et de l'enlumineur. Les collections d'objets anciens, prêtées par les amateurs anglais et exposées temporairement au musée de South-Kensington en 1862, quoique infiniment supérieures dans leur ensemble à notre exposition archéologique de cette année, lui étaient fort inférieures sur ce point en particulier.

A cette exposition, les manuscrits n'étaient représentés que par un petit nombre de spécimens appartenant pour la plupart à la Renaissance, c'est-à-dire, à une époque où quelques artistes peignaient, par exception, des livres de luxe pour répondre au goût fastueux de certains grands seigneurs ; mais où la calligraphie et l'enluminure n'existaient plus comme industrie artistique, produisant des œuvres destinées à un usage général. En outre, le plus grand nombre des manuscrits exposés n'offraient à l'Angleterre qu'un intérêt d'archéologie, sans glorifier son amour-propre national; car quelques-uns à peine étaient anglais et les plus beaux appartenaient à la France et à l'Italie.

Chez nous, au contraire, cette série a l'avantage de nous fournir les plus précieuses indications sur notre art national dans le passé; car presque tous les manuscrits qui la composent sont français. Il serait difficile et peut-être impossible, dans tout autre pays, de rassembler une collection aussi nombreuse et aussi intéressante à tous les titres, tant par la rareté et la perfection des objets, que par la variété des sujets traités, la provenance historique de plusieurs volumes et leur parfaite conservation.

Cette richesse de l'exposition des manuscrits rachète, jusqu'à un certain point, l'insuffisance des autres catégories et doit nous consoler des déceptions que rencontrent ceux qui, en venant visiter l'*Histoire du travail*, apportent, avec le désir de s'instruire, l'espoir de trouver pour le faire une occasion sans pareille.

Les manuscrits sont, en effet, la partie la plus noble et la plus savante de ce monde de débris du passé qu'on appelle si improprement *la curiosité*. Les objets d'art, même les plus précieux, ne sont que le travail de l'homme; le livre, au contraire, est, en quelque sorte, l'homme intellectuel et moral lui-même, *matérialisé*, pour ainsi dire, et éternisé. C'est sa pensée, ce sont ses joies, ses douleurs, ses sentiments et ses passions. Si, considéré sous ce rapport, le livre, en général, devient profondément intéressant, que sera-ce donc des manuscrits, qui, grâce à leurs miniatures, à côté de l'homme moral nous montrent l'homme extérieur tout entier? Que sera-ce, si, en même temps que la pensée qui a composé l'ouvrage, nous retrouvons l'auteur lui-même, si nous revoyons son époque tout entière avec ses monuments, ses costumes, ses usages et ses mœurs?

A ce mérite historique des manuscrits, se joint leur intérêt artistique, qui existe presque toujours à un titre quelconque. Quelques-uns, appartenant aux époques les plus rapprochées, sont beaux en eux-mêmes et au point de vue de l'esthétique pure; d'autres, qui parlent moins aux yeux du vulgaire, sont encore plus précieux peut-être, en ce qu'ils nous donnent des spécimens de l'art de la peinture à des époques dont aucune œuvre de dimensions plus grandes ne nous est parvenue. C'est ainsi que, grâce aux manuscrits carolingiens, nous pouvons nous faire une idée des fresques dont Charlemagne avait fait décorer ses palais d'Aix-la-Chapelle et d'Ingelheim, fresques dont il ne subsiste pas vestige aujourd'hui.

Enfin les manuscrits peuvent encore invoquer un autre titre à notre sollicitude. Non-seulement leur ornementation nous instruit de la vie privée de nos aïeux, non-seulement elle nous permet de juger du degré de leurs connaissances artistiques; mais encore elle nous apporte un enseignement philosophique, en nous fournissant, sur les tendances intellectuelles, morales et sociales des diverses époques, des données que souvent on ne trouverait nulle part ailleurs.

De même que bien des nuances fugitives de notre époque si complexe seront plus saisissables pour nos descendants par les *illustrations* et les caricatures que par les écrits littéraires qui auront surnagé, de même la composition d'une miniature, les entrelacs d'une lettre ornée, les grotesques qui se tourmentent dans les encadrements des pages, nous en disent plus, bien souvent, que des études approfondies sur les textes que ces ornements décorent.

La série exposée au Champ-de-Mars embrasse une période de onze siècles, — du VIe au XVIIIe, — et renferme des manuscrits de toute nature : livres religieux, livres scientiques, traités de chasse, poëmes, etc., etc. Quelle mine précieuse, tant par sa variété que par sa richesse! Quelle bonne fortune de pouvoir examiner et comparer tant de merveilles, qu'il eût été si difficile d'étudier isolément! Combien nous devons être reconnaissants envers les églises, les bibliothèques de province et surtout les amateurs, qui ont consenti à se séparer momentanément de tant de trésors, pour les livrer à notre étude et à notre admiration!

Le plus riche entre tous ces généreux prêteurs, le *primus ibi antè omnes*, est, sans comparaison, M. Didot. Cet heureux bibliophile possède, à lui seul, plus des deux tiers des volumes exposés, et c'est à lui qu'appartiennent les plus rares et les plus remarquables.

Nous allons essayer de décrire rapidement quelques-uns de ces livres vénérables, que nous avons admirés, en déplorant que la vitrine réglementaire nous emvêchât de les parcourir et d'en prendre une connaissance plus approfondie.

I.

On doit regretter que les époques primitives ne soient pas représentées dans cette histoire de l'enluminure et de la calligraphie. Il n'y a aucun *volumen* antique, aucune œuvre de l'ère gallo-romaine, aucun de ces beaux livres *chrysographiques* ou *argyrographiques*, dans lesquels le texte se détache en lettres d'or ou d'argent sur le vélin teint en couleur pourpre. L'époque mérovingienne elle-même n'a fourni qu'un volume : le *Liber pastoralis Sancti Gregorii Pape I*, prêté par la bibliothèque de Troyes. Mais la période carolingienne nous offre de nombreux spécimens, dont quelques-uns d'une exceptionnelle beauté.

Au moment de cette première renaissance que détermina le génie de Charlemagne, deux courants bien distincts, dus, l'un à l'influence germanique, l'autre aux traditions latines, se firent sentir dans le domaine des arts.

L'Allemagne conserva les initiales ornées de figures de poissons et d'oiseaux, grossièrement dessinées et enluminées de couleurs éclatantes posées à plat sans aucune tentative de modelé, dites lettres *ichthyomorphiques* et *ornithomorphiques*. Quand, par exception, l'artiste entreprend de reproduire la figure humaine, il le fait avec une grande maladresse, et il cherche toujours à imiter les Byzantins beaucoup plus que les Latins. L'Italie, au contraire, bien que la barbarie ambiante et les relations avec Byzance eussent modifié profondément les procédés décoratifs de l'art antique, s'inspira toujours des monuments romains qui couvraient encore son sol et conserva comme un lointain reflet de son passé. Les voyages que Charlemagne fit à Rome, l'admiration que ce grand homme éprouva pour la civilisation méridionale, et les œuvres d'art qu'il rapporta avec lui, ne contribuèrent pas peu à faire pénétrer le goût italien dans tout l'empire.

Ce style s'accuse, dans les initiales, par l'emploi du bleu d'outremer, du pourpre et de l'or, formant des entrelacs sur des fonds chargés de fines niellures dorées, et, dans les miniatures, par l'imitation des costumes, des attitudes et des draperies antiques. L'Exposition nous fournit plusieurs manuscrits se rapportant parfaitement à chacun de ces types; nous citerons comme appartenant à l'art franc, — si le mot d'art peut s'appliquer en pareille circonstance, — un grand in-4 écrit au huitième siècle, la troisième année du règne de Pépin (754), par Gundohimus, et appartenant à la bibliothèque du séminaire d'Autun. Le texte commence par une grande initiale ichthyomorphique. La page qui fait face est occupée par une grande miniature divisée en cinq compartiments. Au centre est représenté le Christ couronné d'un nimbe crucifère et assis sur un trône byzantin, c'est-à-dire ayant la forme d'un banc droit, couvert d'un coussin; ses pieds nus sont posés sur un tabouret. Le Sauveur tient de la main gauche un livre, et de la main droite bénit à la manière latine. De chaque côté, un ange s'appuie sur les montants du trône.

Les couleurs qui dominent dans les vêtements des personnages sont le jaune, le rouge et le vert. Ce sujet est compris dans un médaillon circulaire formé de deux listels rouges, encadrant des imbrications jaunes et vertes, qui ont la prétention de figurer grossièrement une couronne de laurier. Quatre médaillons, plus petits, disposés aux quatre coins de la page, représentent, sur un fond vert, les attributs des évangélistes, tracés en jaune et en rouge. Ces médaillons sont entourés d'une bordure formée de deux bandelettes rouges, entre lesquelles de gros pois blancs sont posés sur un fond noir. Tout cet ensemble décoratif, dont l'exécution est aussi barbare que possible, se détache sur le fond blanc du vélin.

Nous citerons comme appartenant à la seconde manière, qui prédomina pendant la dernière partie du règne de Charlemagne et sous ses successeurs immédiats, un petit in-4 du neuvième siècle prêté par la cathédrale de Troyes. La page gauche, ou verso, qui fait face au texte, est occupée par une miniature à pleine page, qui prouve qu'à ces époques reculées il y avait quelques artistes vraiment dignes de ce nom. Un roi, assis sous le portique d'un palais ou d'un temple, au milieu de ses gardes, tenant son sceptre en main et ayant son épée posée sur ses genoux, semble donner un ordre contre un homme qui se tient debout devant lui, dans une posture suppliante. Plus loin, un personnage nimbé et vêtu de blanc présente au roi, de la main droite, un objet difficile à déterminer, mais assez semblable à une hache, et, de la gauche, lui montre le ciel, dans lequel on aperçoit le Christ dans sa gloire, assis sur un globe et entouré d'une auréole elliptique. Deux saints personnages semblent implorer le Seigneur en lui montrant la scène qui se passe au-dessous d'eux. Enfin deux arbres, dont l'un, situé au premier plan, est sec et brisé, tandis que l'autre, placé tout au fond, semble vigoureux et verdoyant, doivent ajouter un sens mystique à cette composition. Des inscriptions en lettres d'or aideraient à en pénétrer l'obscurité; malheureusement le miroitement de la vitrine nous a empêché de pouvoir les déchiffrer. Tout, dans cette œuvre, est empreint d'un caractère antique très-prononcé. Les costumes des personnages rappellent ceux des Romains, les draperies sont agencées avec une entente et un ordre rationnel qu'on ne trouve pas habituellement à cette époque; enfin l'exécution matérielle, elle-même, est plus que satisfaisante et témoigne d'un véritable talent. En face de cette miniature, étonnante pour l'époque qui l'a produite, commence le psaume *Quid gloriaris in malitia,* dont l'initiale, formée d'entrelacs or, noir et gris, est admirable et nous fournit un type parfait des majuscules du plus beau style carolingien, dans lequel la vigueur un peu sauvage de l'élément franc s'adoucit au contact de la souplesse italienne, soumise elle-même, dans une certaine mesure, aux influences orientales de l'art arabe.

Hélas! cette belle efflorescence des sciences, des lettres et des arts que vit naître l'époque de Charlemagne, à peine éclose, commence déjà à se flétrir! L'esprit civilisateur ne tarde pas à être vaincu dans sa lutte contre la barbarie, après ce grand homme, qui laisse à ses successeurs sa puissance, mais qui ne peut leur léguer son génie!

Le dixième siècle s'avance, avec ses crimes et ses misères, avec ses ténèbres et ses terreurs, époque désastreuse pour ceux qui eurent le malheur d'y naître, époque nulle pour ceux qui l'ont suivie; car elle n'a laissé après elle ni un monument ni un souvenir! Ce triste siècle n'est représenté, dans la collection qui nous occupe, que par un évangéliaire, petit in-4, orné d'une miniature de la plus barbare exécution. En regard de l'évangile de saint Marc, on voit un ange à tête de lion, muni de quatre ailes et tenant un livre de la main droite. Au dessous on lit : *Marcus leo.* Un jaune et un rouge ternes sont les seules couleurs employées dans cette pauvre composition.

Mais, après les ténèbres, le crépuscule, bientôt suivi de la lumière!

Le onzième siècle, le siècle des grandes fondations religieuses, voit poindre l'aurore d'une nouvelle renaissance de l'esprit humain, fécondé, en même temps que purifié, par les idées chrétiennes. Les manuscrits, comme tout le reste, participent à cette rénovation, qui est complète et générale dès le commencement du douzième siècle. L'emploi de l'or et de l'argent, négligé depuis plusieurs siècles, redevient fréquent; le bleu d'outremer et le vermillon rivalisent avec ces métaux. Les initiales accusent à peine quelques réminiscences antiques de plus en plus vagues, et substituent de plus en plus l'inspiration à l'imitation. Dans le corps des lettres s'arrondissent et s'entrelacent de grosses tiges d'où partent des feuillages qui semblent conserver une lointaine ressemblance avec l'acanthe antique, quoiqu'ils aient moins d'élégance et de légèreté.

Le fantastique se mêle à cette imitation libre de la nature. Des têtes de monstres servent parfois de nœuds à ces enlacements de feuillages, qui s'échappent de leur gueule béante. Souvent des dragons étendent leurs ailes, roulent leur queue, replient leur long cou de manière à épouser les contours d'une initiale et forment ces belles lettres appelées *dracontines*. Quelquefois, surtout vers la fin du douzième siècle, de petits personnages combattent ces adversaires chimériques et se tordent avec eux dans les efforts d'une lutte désespérée. Faut-il voir une intention symbolique dans ces scènes étranges? Quoique cette opinion soit généralement admise, nous ne pouvons la partager. Nous pensons que ce délire fantastique n'est qu'un effet de l'amour de l'homme pour le merveilleux; sentiment que les temps et les circonstances modifient, mais qui se retrouve à toutes les époques et à tous les degrés de civilisation. Nous regardons les monstres et les dragons du douzième siècle comme les frères puînés des centaures, des sirènes, des hippogriffes et de ces mille enfantements hybrides de l'imagination antique; et nous ferons remarquer que les inventeurs du Moyen-Age n'ont point seulement, comme leurs devanciers, composé des êtres chimériques en juxtaposant diverses parties d'êtres réels, mais qu'ils ont créé tout d'une pièce des animaux très-rationnels et, sinon vrais, du moins, *très-vraisemblables*.

Mais l'art, au douzième siècle, ne se borna pas à ces imitations de la nature végétale et animale; il entreprit de représenter l'homme lui-même; et, si ses essais n'atteignirent pas la beauté absolue, il racheta cette imperfection par la science qui présida à la composition et par une entente extraordinaire du symbolisme. Enfin les manuscrits du douzième siècle nous montrent souvent, unis ensemble, les deux éléments décoratifs que nous venons d'indiquer, la lettre ornée et la miniature. Fréquemment plusieurs lettres se soudent ensemble, empruntant les unes aux autres leurs jambages, de manière à former un monogramme dans les vides duquel des médaillons représentent des sujets en rapport avec le texte qui suit. Souvent l'I de *In principio*, qui commence toutes les bibles, se compose d'une série de petites scènes superposées, comprises dans des rinceaux de feuillage.

Ces compositions se détachent généralement, sur fond d'or, en couleurs assez criardes. Les attitudes sont raides et gauches; les figures, ombrées d'une teinte violacée et éclairées de blanc, ont une physionomie sinistre. Les draperies seules présentent une certaine grandeur résultant de la bonne entente des plis et de la simplicité des moyens d'exécution. Autour de ces grandes initiales à sujets, qui occupent parfois une page tout entière, règnent assez souvent de larges et riches bordures imitant les ornements architectoniques de l'époque : feuillages perlés, frettes, entrelacs, billettes, dents de scie, etc., tracés avec une grande régularité et exécutés d'une manière très-sûre, en couleurs éclatantes.

Décrivons rapidement quelques-uns des manuscrits de l'Exposition répondant aux divers types que nous venons d'indiquer.

La Cité de Dieu, de saint Augustin, in-folio de la fin du onzième siècle. Magnifique lettre dracontine dont les ornements intérieurs se détachent sur fond bleu, tandis que les contours sont cernés de vert.

Bel évangéliaire in-4, commençant par une grande miniature divisée en deux compartiments. Dans la partie supérieure, saint Marc, assis sous une colonnade, écrit son Évangile. Il est vêtu d'une robe jaune recouverte d'un manteau bleu bordé de rouge. La partie inférieure contient une grande initiale (M) formée d'entrelacs. Ces deux parties sont séparées et encadrées par une bordure bleue liserée de rouge, coupée par six médaillons dont quatre sont peints en jaune sans ornements; les deux autres sont bleus et chargés d'une croix.

Un évangéliaire in-folio, du onzième siècle, appartenant à M. Didot. Les deux pages en vue sont occupées chacune par une miniature. Celle de gauche, très-compliquée, représente, au centre, le Christ dans sa gloire. Il est asssis sur un trône droit, couvert d'un coussin, sa tête est ceinte d'un nimbe crucifère; il bénit de la main droite, et de la gauche tient un livre appuyé sur son genou. Ses vêtements se composent d'une robe blanche recouverte d'un manteau rose. Cette composition, entourée d'une auréole elliptique, se détache sur un fond d'or. Huit médaillons de deux grandeurs différentes, disposés avec beaucoup de goût aux points d'intersection de diverses bandes d'ornements courants, complètent l'ensemble de cette belle miniature. Les quatre plus grands renferment les attributs des évangélistes vêtus en anges, et n'ayant des animaux traditionnels que la tête. Les quatre plus petits représentent les évangélistes eux-mêmes. Tous ces sujets s'enlèvent sur des fonds d'or.

La page recto représente, aussi sur fond d'or, un saint personnage nimbé, vêtu de blanc avec un manteau jaune, assis sous un portique à trois arcatures de plein cintre, tenant de la main gauche un sceptre et recevant de la droite un livre que lui présente un personnage plus petit vêtu de jaune ; l'un et l'autre ont la barbe et les cheveux blancs. Une inscription en vers léonins, tracée au-dessus du portique, vient expliquer cette miniature de présentation :

Luxovii pastor, Gerardus lucis amator,
Dando Petro hunc librum, lumen mihi posco supernum.

Dans ces deux miniatures, les figures, les draperies, les ornements architectoniques, tout rappelle le style des émaux de l'école de Cologne, qui fut si florissante du onzième au douzième siècle.

Un in-folio du douzième siècle, appartenant encore à M. Didot, et contenant l'histoire de Flavius Josèphe. Le commencement de ce manuscrit est orné d'une magnifique miniature à pleine page. Une bordure assez large, composée de ces feuillages gras à tiges perlées, particuliers au douzième siècle, se détachant en bleu, en blanc et en rouge sur fond noir, sert d'encadrement à deux très-grandes initiales IN entrelacées. Ces lettres sont formées de deux listels d'or, enfermant des ornements bleus, verts et rouges, analogues aux ornements des émaux rhénans contemporains. Cette initiale enlacée se détache sur un fond général rouge chargé d'un quadrillé d'or, dans chaque compartiment duquel s'inscrit un quadrilobe. Sept médaillons disposés au quatre coins de l'N, aux deux extrémités de l'I et au point d'intersection de ces deux lettres, représentent les six jours de la création et le Christ enseignant. Deux autres médaillons, compris dans les vides de l'N, représentent deux femmes, dont l'une doit personnifier l'Ancien et l'autre le Nouveau Testament. Au bas de la page, quatre personnages, nus en partie et tenant des urnes d'où s'échappe de l'eau, figurent les quatre fleuves du Paradis terrestre.

Enfin, des médaillons semi-circulaires, réservés dans la bordure dont nous avons parlé d'abord, et qui entoure cette composition compliquée, représentent divers sujets de la vie du Sauveur, entre autres la Crucifixion et la Descente aux Limbes, ainsi que diverses scènes de martyres. Les draperies sont rouges, violettes, vertes et bleues, d'une tonalité assez discrète et plus contenue qu'il n'est ordinaire au douzième siècle. Cette belle miniature est un type parfait de la décoration à l'époque qui nous occupe, décoration composée de deux parties très-distinctes, quoique presque toujours liées : l'ornementation architecturale et le symbolisme mystique. Cette dernière partie, surtout, fait la gloire du douzième siècle, et le beau siècle chrétien lui-même, le treizième siècle, n'a pu l'égaler, dans l'art ingénieux de rappeler et d'expliquer les textes sacrés par de parlants emblèmes.

Ce manuscrit, vraiment admirable, suffirait pour faire l'honneur d'une collection, et il n'est qu'une des pièces ordinaires de celle de M. Didot. Heureux M. Didot, et d'autant plus heureux qu'il connaît et sait apprécier son bonheur !

Nous voudrions pouvoir citer tous les manuscrits que nous avons admirés, et raviver, en retraçant leurs perfections, la jouissance du souvenir qu'ils nous ont laissé ; mais nous devons nous borner à indiquer seulement quelques types ; et, pour en donner une idée à nos lecteurs, nous ne pouvons qu'en faire une aride description, quand il nous faudrait la délicatesse et le vif coloris du pinceau de l'imagier!

Poursuivons donc notre exploration à travers les âges, en disant un dernier adieu admiratif à l'art du douzième siècle, et en ouvrant nos yeux à l'aurore nouvelle que le treizième siècle va faire luire sur toute l'Europe!

II.

Le treizième siècle vit s'opérer dans le domaine des arts une transformation qui équivaut à une création nouvelle. L'éclat que venait de jeter le douzième siècle était comme la dernière lueur d'un flambeau prêt à s'éteindre. Cette époque avait tenté un suprême effort de retour à l'art antique, spiritualisé par les idées chrétiennes; mais cet essai n'avait réussi qu'en partie; car, si le symbolisme élevait l'art roman vers le ciel, la pesanteur générale des proportions de son architecture, l'imperfection de sa statuaire et l'incorrection de sa peinture le rabaissaient vers la terre et le laissaient bien loin des modèles anciens qu'il s'était proposé d'imiter.

Avec le treizième siècle, la tradition antique allait être rompue, un art nouveau allait naître, art purement chrétien et presque exclusivement français, nouveau dans ses formes d'ensemble, aussi bien que dans ses moindres détails. Nous voulons parler de l'art si improprement appelé *gothique* et que le mot *ogival* ne suffit pas complétement à caractériser.

On s'est trop habitué à n'étudier l'ère gothique que dans les édifices; et on en est arrivé à la considérer comme exclusivement architecturale. C'est une erreur et une injustice : l'architecture ne se sépare jamais de la sculpture et de la peinture, qui ne sont en quelque sorte que ses auxiliaires; et les époques où elle est le plus florissante sont aussi celles où les autres arts brillent d'un plus vif éclat. Le siècle de Périclès ne vit-il pas le Parthénon s'élever, les murailles des palais ou des temples se couvrir des peintures de Zeuxis, et le marbre s'animer sous les mains de Phidias? Le siècle de Léon X ne vit-il pas Michel-Ange jeter dans les airs l'audacieuse coupole de Saint-Pierre et faire jaillir d'un bloc inerte la figure inspirée de Moïse, tandis que Raphaël peignait ses tableaux inimitables et ses Loges immortelles? Quelques années après, au moment où s'élevaient des palais comme le Louvre et des châteaux comme Chambord et Fontainebleau, ne se trouva-t-il pas des Jean Goujon et des Germain Pilon pour en ciseler les merveilleuses façades? Plus récemment enfin, l'époque des Perrault et des Mansard ne fut-elle pas aussi celle des Puget, des Poussin, des Lesueur et des Lebrun?

Cette loi constante de l'unité dans le progrès des arts se retrouve au treizième siècle, comme à toutes les autres époques. Pendant que les cathédrales de Chartres, d'Amiens et de Paris sortaient tout d'une pièce du cerveau des Villard de Honnecourt et de tant d'autres génies anonymes, les sculpteurs épuraient les formes incorrectes des âges précédents pour nous laisser des chefs-d'œuvre, comme le beau groupe d'ivoire du musée du Louvre; et, s'il ne nous est pas permis de juger des grandes œuvres de la peinture murale, qui toutes ont disparu sous le badigeon, nous pouvons nous en faire une idée par les enluminures des manuscrits qui nous sont parvenus en grand nombre.

Ces manuscrits sont beaucoup plus curieux que ceux du siècle précédent, en ce qu'ils nous fournissent infiniment plus de révélations sur les mœurs, les usages, les costumes et l'armement de nos ancêtres. Les artistes de cette époque, en effet, recherchèrent assez peu le symbolisme et se bornèrent le plus souvent à reproduire des faits de l'Ancien et du Nouveau Testament, des Actes des Saints, etc., qu'ils traitèrent comme des scènes contemporaines, revêtant les personnages des costumes qu'ils voyaient autour d'eux. En outre, la représentation des scènes familières s'introduisit jusque dans la décoration des manuscrits sacrés, s'empara des marges et souvent même se mêla, dans de petits médaillons, à des sujets religieux. Enfin, la diversité des ouvrages enluminés introduisit une grande variété dans les sujets traités par les peintres. On voit apparaître à côté des livres religieux, tels que bibles, psautiers, rituels, traités de théologie, etc., des livres scientifiques, des chroniques en français, et même, à la fin du siècle, des poëmes et des romans de chevalerie.

On conçoit donc quelle mine féconde d'indications de toute sorte l'antiquaire trouve dans ces précieux ouvrages du treizième siècle; l'artiste, de son côté, y rencontre une source de pures jouissances et de franche admiration. Les miniatures de cette époque se font remarquer par la naïveté de la composition, la noblesse des attitudes, la beauté simple des draperies et la discrétion du coloris, toujours exécuté dans une gamme assez sourde. Les carnations sont formées par le blanc même du vélin, les lignes du visage ne sont indiquées que par un trait à la plume d'une incroyable finesse, et c'est à peine si, parfois, une légère touche de vermillon vient animer les joues et les lèvres. Il est à remarquer en outre, que tous les personnages ont une physionomie effarée. Cette expression est due à ce que la prunelle est indiquée par un point noir placé dans l'extrême coin de l'œil. Cette bizarrerie est très-caractéristique, et nous la croyons constante au treizième siècle. Les plis des vêtements sont indiqués par un coup de pinceau plus foncé que la teinte générale, au milieu duquel un trait noir vient indiquer le fond du pli. Malgré la simplicité de ce procédé, la draperie s'accentue parfaitement, et on la conçoit d'autant plus facilement qu'elle est toujours très-logique et très-simple.

Les artistes de cette époque ne cherchent nullement à imiter la nature matérielle. L'homme seul les touche, et encore la manière de le représenter est-elle toute conventionnelle. Les attitudes sont à peu près invariablement les mêmes; presque tous les personnages ont une pose plus ou moins contournée; et, comme on dit en termes d'atelier, *hanchent* légèrement. Les sentiments de l'âme ont aussi leur manière fixe de se traduire; ainsi, l'étonnement et la crainte s'expriment par les deux bras écartés et repliés, dans la position du prêtre disant *oremus;* l'autorité et l'enseignement sont représentés par le bras droit levé et la main fermée, moins l'index qui reste étendu ; la prière est figurée par les mains jointes, etc. Il serait facile de multiplier ces exemples qui prouvent que les artistes étaient soumis à une puissante influence d'école.

Cette influence, encore profondément hiératique, les détourne de chercher le réalisme et d'entreprendre de reproduire la nature matérielle. Quand l'exigence de leur sujet les force à introduire des arbres, des maisons, etc., ils représentent ces objets de la manière la plus simple, sans aucune prétention de les imiter, et par conséquent sans la moindre intention de créer un paysage. Les scènes se détachent le plus souvent sur un fond d'or bruni semblable à ceux de l'époque précédente, mais quelquefois aussi sur un fond quadrillé, formé de petits ornements de deux tons différents appliqués couleur sur couleur. Les miniatures sont fréquemment encadrées dans une composition architecturale analogue aux monuments contemporains. Quelquefois aussi, mais plus rarement, elles sont comprises dans un simple encadrement rectangulaire, dépourvu d'ornements extérieurs. Enfin, le plus souvent, les initiales elles-mêmes deviennent de véritables miniatures, et la lettre disparaît presque devant le sujet dont elle est ornée.

Les initiales, en effet, subissent au treizième siècle une modification profonde. Au lieu de former, comme au siècle précédent, le principal ornement des pages, elles ne servent plus guère que de cadre à des miniatures se rapportant au texte qu'elles commencent. Quand la lettre est trop petite pour qu'une scène compliquée puisse trouver place dans son champ, elle ne renferme qu'un petit personnage vu en buste; mais presque toujours la nature humaine fait les frais de la décoration, et l'on ne rencontre plus que rarement quelques initiales dont l'ornementation soit empruntée au règne végétal.

De la lettre proprement dite, tracée le plus souvent en couleurs rehaussées de délicates touches de blanc, partent de longs appendices qui descendent et montent dans la marge, se recourbent au haut et au bas de la page, et quelquefois l'entourent complétement.

L'aspect de cette ornementation semble, au premier abord, assez monotone; mais, quand on l'étudie avec attention, on ne peut se lasser d'admirer la variété des détails dans lesquels le réel se mêle au fantastique, dans lesquels les monstres à buste d'homme et à corps de quadrupède ou d'oiseau, les dragons à tête humaine et mille autres êtres imaginaires se rencontrent à côté d'un saint moine ou d'un preux chevalier. Tantôt c'est un lézard ailé qui mord la lettre et s'y cramponne laissant pendre une longue queue dont l'extrémité feuillagée forme des rinceaux qui encadrent de petites scènes se rapportant au sujet principal contenu dans l'initiale. Tantôt, des jambages des lettres, partent des enroulements qui se terminent par une feuille longue et mince, accostée d'une dentelure assez analogue à une nageoire de poisson. Ici un chasseur poursuit un lièvre et excite ses chiens en sonnant de l'olifant; là un vilain, armé d'une arbalète, vise un corbeau perché au haut de la page; plus loin un bateleur fait danser des singes et des chiens savants en jouant de la cornemuse; ailleurs un héraut d'armes sonne de la trompette, tandis que des monstres moitié hommes et moitié oiseaux se battent armés d'une épée et d'un bouclier. Cette décoration, si variée, est rendue plus riche encore par l'emploi fréquent de l'or, qui ressort avec d'autant plus de vivacité que les couleurs sont assez éteintes dans leur ensemble.

Cette belle période de l'art chrétien n'est représentée à l'Exposition que par un petit nombre de manuscrits qui ne suffisent peut-être pas pour donner une idée complète des procédés et des éléments décoratifs du treizième siècle, mais qui néanmoins peuvent être recommandés comme de beaux et précieux spécimens. Ce sont :

Un psautier in-12 du milieu du siècle, appartenant à M. Didot. Le feuillet de gauche représente la descente du Saint-Esprit sur les Apôtres. Ceux-ci, de même que la sainte Vierge, sont assis sous un portique ogival trilobé, surmonté de clochetons, qui figure le cénacle. Les personnages se détachent sur un fond d'or. Le feuillet de droite est orné d'une initiale S, qui commence le psaume *Salvum me fac*, *Domine, quia intraverunt aquæ,* etc. Cette miniature, au lieu de représenter, comme dans la plupart des bibles et des psautiers au commencement de ce psaume, un navire et un homme qui vient d'en tomber, enfoncé dans l'eau jusqu'à la ceinture, levant les bras vers Dieu le Père, qui apparaît dans le ciel, retrace le martyre de saint Jean l'évangéliste. Le saint est debout dans une cuve; un bourreau prend sur un brasier un chaudron plein d'huile bouillante, pour le déverser sur le martyr. L'exécution de ces deux miniatures n'offre rien de bien remarquable; mais la conservation en est parfaite.

Deux autres psautiers appartenant également à M. Didot. L'un et l'autre sont ouverts au premier psaume qui est orné d'un grand B, occupant toute la page, et formant naturellement deux compartiments dont chacun est rempli par une miniature se détachant sur fond d'or. Dans le haut, David est représenté jouant de la harpe, dans le bas on le voit tuant Goliath. Ces sujets sont les mêmes dans les deux psautiers, mais ils sont traités différemment. L'un des deux B forme des entrelacs bleus très-compliqués et d'une grande élégance; l'autre est accompagné de sujets de chasse et de grotesques qui semblent accuser les dernières années du treizième siècle.

Un grand in-folio, appartenant encore à M. Didot et contenant une chronique en français (sans doute celle de Villehardouin ?). La page exposée est ornée d'une miniature carrée, de cinq centimètres de côté environ, divisée en deux compartiments et comprise dans un L majuscule. Dans le compartiment supérieur, deux personnages à genoux présentent une supplique ou une missive d'où on voit pendre deux sceaux, à un roi assis sur son trône et accompagné de deux assesseurs. Au dessous, des chevaliers font le siége d'une ville. Ces deux sujets se détachent sur fond d'or. La partie supérieure de la miniature, comme il arrive très-fréquemment au treizième siècle, forme des arcatures ogivales trilobées.

Nous citerons encore deux bibles, l'une in-8 appartenant à M. Duru, l'autre in-12 appartenant à M. l'abbé Jouen, moins pour leurs miniatures, quoiqu'elles soient très-fines, que pour leur calligraphie qui est véritablement merveilleuse.

Enfin, nous mentionnerons un curieux ouvrage qui est la propriété de M. Didot, et qui nous semble appartenir au treizième siècle finissant, quoique sa date ne soit pas facile à déterminer avec certitude. Bien que le texte soit français, ce livre ne ressemble en rien par ses miniatures aux manuscrits français de cette époque. C'est un traité d'histoire naturelle, peut-être une traduction du *Miroir naturel* de Vincent de Beauvais. La page ouverte traite du singe. On y voit plusieurs miniatures, entre autres une représentation de cette anecdote quelque peu apocryphe du colporteur qui se vit dévalisé par des singes habitants d'une forêt au milieu de laquelle il avait passé la nuit, et qui, pour se faire restituer les nombreuses paires de bas que ces quadrumanes lui montraient ironiquement du haut des arbres, s'avisa de dépouiller lui-même ses propres chausses, et de les jeter par terre avec fureur, ce que les singes, en vertu de leur instinct imitateur, s'empressèrent de faire à son exemple, le remettant ainsi en possession de son bien. Cette scène est représentée d'une manière assez naïve et se détache, sans aucun encadrement et sans fond, sur le blanc du vélin. Les vêtements du colporteur sont d'un ton dur et ne forment aucun pli : c'est un assez grossier coloriage, sans aucune prétention artistique.

Le quatorzième siècle ne nous a laissé qu'un assez petit nombre de monuments. Cette pénurie tient à deux causes : la première, c'est que le style du treizième siècle empiéta sur le siècle suivant et que beaucoup d'œuvres d'art, exécutées en réalité durant le premier tiers du quatorzième siècle, appartiennent, par leur manière, au siècle précédent et lui sont attribuées; la seconde, c'est que le quatorzième siècle a peu produit. Comme toutes les époques qui ont succédé à une ère de rénovation, il a joui de ce que l'âge précédent venait d'inaugurer sans avoir besoin de créer lui-même. Le treizième siècle ayant élevé beaucoup de monuments, fabriqué de nombreuses œuvres d'orfévrerie, sculpté une quantité infinie de statues, et écrit d'innombrables volumes, le quatorzième siècle n'eut qu'à user paisiblement de tout cet acquis, se borna à réparer, et n'augmenta que suivant ses besoins.

L'art, du reste, différa peu de ce qu'il avait été au treizième siècle; et, en ce qui concerne les manuscrits, il est parfois assez difficile de distinguer les œuvres des deux époques, quand la transition n'est pas encore tout à fait accomplie. Les miniatures tendirent à prendre de plus en plus de place dans la décoration, au détriment des initiales. Ces miniatures sont souvent comprises dans un encadrement architectural, qui a dépouillé les formes sévères du treizième siècle pour suivre le goût fleuri de l'architecture contemporaine. Souvent aussi les sujets représentés sont enfermés dans un espace rectangulaire ménagé au commencement des chapitres. Les personnages affectent des poses encore plus tourmentées qu'à l'époque précédente, et ils *hanchent* parfois jusqu'à la contorsion. Les draperies sont conçues avec moins de simplicité, et leurs plis nombreux ont quelquefois un peu de pesanteur. Les carnations ne sont plus seulement rendues par le blanc du vélin; mais elles accusent une intention de modelé par des ombres fortement bistrées et quelquefois excessives. La facture matérielle est fort inégale ; dans certains manuscrits elle est plus que négligée et presque grossière ; dans d'autres elle acquiert un fini qui étonne, dans tous elle est caractérisée par une grande sécheresse de pinceau.

Les artistes du quatorzième siècle ne se préoccupent pas plus que leurs devanciers de l'imitation de la nature. Si leurs figures sont exécutées d'une manière moins conventionnelle, et même, vers la fin du siècle, semblent prendre un certain caractère individuel, le paysage n'existe pas encore. Les sujets se détachent comme précédemment sur des fonds d'or ou sur des fonds *échiquetés*, dont les carreaux de diverses couleurs se groupent pour former des dessins géométriques. Quelquefois cette ornementation est remplacée par un fond de couleur sur lequel courent des rinceaux plus foncés ou plus clairs. Tous ces fonds doivent, croyons-nous, reproduire des tentures de l'époque, et il y aurait, pour nos modernes tapissiers, d'admirables motifs de décoration à relever dans plus d'un manuscrit du quatorzième siècle. Enfin, nouveauté qui mérite d'être notée, tandis que quelques artistes poussent l'éclat de l'enluminure jusqu'au criard, d'autres, au contraire, éteignent leur coloris, donnent à leurs miniatures l'aspect d'une grisaille teintée ; et quelquefois se bornent à faire des grisailles pures et simples, s'enlevant vigoureusement sur un fond de couleur.

Les initiales subirent des modifications plus faciles à constater que celles qui s'opérèrent dans les miniatures. Les majuscules changèrent ces longs appendices si caractéristiques qui les décoraient au siècle précédent, en de légères branches de feuillages, tracées en or, bleu, rouge et vert, partant des jambages des lettres et s'épanouissant le long de la marge. Ces feuillages, reliés par une tige assez forte, semblent appartenir au lierre, au houx et à la vigne sauvage. Quelquefois des oiseaux ressemblant à des chardonnerets perchent sur ces branchages ou voltigent à l'entour. D'abord assez réservés, ces feuillages empiètent de plus en plus sur les marges à mesure que le siècle approche de sa fin, et arrivent, au commencement du quinzième siècle, comme nous le dirons plus tard, à former de véritables encadrements. L'œil même de la lettre est décoré d'une façon analogue, quand celle-ci ne sert pas de cadre à un sujet.

Les petits bustes qui ornaient au treizième siècle certaines initiales sont remplacés par des têtes vues de face qui occupent tout le champ de la lettre et produisent un assez pauvre effet. Enfin, l'espace intérieur est quelquefois occupé par un écusson armorié qui, généralement, est très-heureusement décoratif.

L'élément dracontin n'a pas entièrement disparu, mais il devient moins fréquent, et ce n'est plus que comme par une réminiscence lointaine qu'on rencontre encore, de temps en temps, un dragon ou un monstre. Le *grotesque* a remplacé le fantastique ; on le voit s'étaler le long des marges avec un laisser-aller qui approche parfois de la licence. Les sujets empruntés à la vie réelle se mêlent à ces facétieuses imaginations, et l'œil se repose avec plaisir sur des scènes de jeu, de guerre et de chasse.

En résumé, cette ornementation, prise dans son ensemble, diffère peu de celle du treizième siècle, et elle ne lui est supérieure ni sous le rapport de l'art ni au point de vue de l'intérêt archéologique.

Citons quelques manuscrits de cette époque, parmi ceux que nous avons remarqués dans l'*Histoire du travail.*

Une magnifique miniature placée en regard d'un texte plus ancien (douzième siècle) d'un volume d'homélies, in-folio, appartenant à M. Didot. Cette miniature, qui occupe toute la page, représente, sur fond d'or, la Crucifixion de Notre-Seigneur. La sainte Vierge et saint Jean se tiennent debout, chacun d'un côté de la croix. Au-dessus de celle-ci le soleil et la lune, tenus par des anges, figurent le deuil universel de la nature, spectatrice de la mort de son Créateur. Un soldat présente au Sauveur l'éponge imbibée de vinaigre, tandis qu'un autre lui perce le côté de sa lance. Aux quatre coins de la page sont ménagés quatre médaillons ronds circonscrivant des trilobes dans lesquels sont peints, au haut, deux prophètes tenant des listels, et, au bas, deux écussons semblables qui sont : écartelé, au 1 et 4 d'azur fretté d'or, au 2 et 3 semé de peignes d'or et chargé d'un lion d'or brochant. Une bordure ornée de palmettes bleues et rouges relie ces sujets.

Quatre autres médaillons semi-circulaires réservés au milieu de la bordure représentent, en haut, le pélican, symbole ordinaire de la charité du Sauveur ; en bas, un homme sortant du tombeau, personnifiant l'humanité régénérée ; à droite et à gauche, les deux larrons. Un feuillage bleu, rouge et or, s'échappe de ces médaillons et orne les marges latérales, et deux branches de ce même feuillage, partant du demi-médaillon du bas, soutiennent, dans la marge inférieure, le même écusson que nous venons de blasonner. Les draperies des personnages sont étudiées avec talent; les figures, ombrées de bistre, ne manquent pas d'une certaine expression. L'ornementation générale est riche et soignée, et cette miniature, par son importance hors ligne, aussi bien que par son exécution, nous paraît un type parfait de la décoration des manuscrits au milieu du quatorzième siècle.

Un psautier in-12, ayant appartenu à Bonne de Luxembourg, femme du roi Jean. Un sujet grotesque, dans lequel figurent des moines, se détache en grisaille sur un fond bleu chargé de rinceaux noirs. L'exécution en est d'une délicatesse charmante.

Un curieux in-folio prêté par le séminaire de Soissons et contenant les miracles de Notre-Dame. Le chapitre en vue est intitulé : « *De une noble dame que le diable acusa à l'empereur comment ele avoit eu un enfant de son filz et comment ele murtri l'enfant quele avoit eu de son filz.* » La miniature qui orne le commencement du chapitre se rapporte à ce sujet. On voit l'empereur vêtu de rouge, assis sur son trône, et le diable à sa gauche accusant la noble dame, qui se tient à sa droite, accompagnée d'une suivante. Cette scène, comprise sous trois arcades surbaissées, se détache sur un fond bleu orné de carrés dans lesquels s'inscrivent des quadrilobes en or. Les draperies sont du plus beau style et l'exécution très-soignée. Le mérite des miniatures, joint à l'intérêt du sujet, fait de ce manuscrit un des plus précieux qu'ait produits le quatorzième siècle.

Deux *Roman de la Rose*, appartenant à M. Didot.

L'un, in-8, est orné de miniatures en grisaille d'une bonne exécution. L'autre, in-4, est décoré d'une miniature coloriée, divisée en quatre compartiments séparés par une bordure tricolore, caractéristique du règne de Charles V. Les sujets se détachent sur des fonds échiquetés en or et couleurs. Un encadrement en feuillages de houx d'or fait le tour de la page. Une chasse court sur la partie inférieure de cette bordure, tandis que des médaillons, ménagés de distance en distance, contiennent des têtes de rois, de cardinaux et d'évêques, vues de face. L'exécution en est médiocre et ne répond pas à la richesse de l'ornementation.

Heures in-8 appartenant à M. Didot. Une miniature représente le Christ en croix, entre la sainte Vierge et saint Jean. Les carnations sont bistrées, et le sujet se détache sur un fond rouge chargé de rinceaux en or imitant les étoffes de l'époque. Des feuillages de houx ou de lierre en or, bleu et rouge, complètent le décor. Un grand D, initiale de *Deus*, est orné d'une petite tête vue de face.

Un très-grand in-folio, contenant les chroniques de Saint-Denis, et appartenant encore à M. Didot. Le haut de la page exposée est orné de deux miniatures comprises dans un carré circonscrivant un quadrilobe coupé par un carré, forme géométrique qui se rencontre fréquemment au quatorzième siècle. Ces médaillons sont bordés d'un listel tricolore qui permet d'assigner leur exécution au règne de Charles V. Ils représentent, sur un fond quadrillé or et couleurs, l'un, un roi faisant construire une ville; l'autre, ce même roi, assis sur un trône, tenant en main son glaive et entouré de ses serviteurs. Une bordure de légers feuillages de lierre en or entoure cette belle page.

Un in-4 contenant l'Apocalypse, appartenant toujours à M. Didot. Il est orné de sujets en grisaille, légèrement teintée de rouge et de vert, qui occupent les deux pages ouvertes. Le dessin est admirable, les draperies très-étudiées et fort heureusement rendues, tous les personnages hanchent d'une manière très-prononcée. Ce manuscrit n'est pas aussi séduisant que beaucoup d'autres, en raison de la sobriété de son coloris et de l'absence d'entourages et d'ornements dorés; mais, au point de vue de l'art pur, c'est un des plus remarquables, et la perfection de son style étonne, eu égard à l'époque qui l'a produit.

Deux volumes in-folio, de Christine de Pisan, contenant, l'un, *la Cité des Dames*, l'autre, *les Faits d'armes de la chevalerie*. L'un et l'autre de ces ouvrages appartiennent à M. Didot. Le premier est décoré d'une miniature représentant, à gauche, une femme vêtue de bleu et la tête couverte d'une coiffe, couchée sur un lit placé sous un édicule. Trois dames couronnées se tiennent près d'elle et cherchent à la relever. A droite, une dame couronnée est assise dans une chaire, aux deux côtés de laquelle se tiennent deux autres dames portant également des couronnes. Des *auditrices*, assises sur un banc en face de la chaire, et, par conséquent, vues de dos, complètent cette scène, qui se détache sur un fond échiqueté, or et couleurs. Le titre du chapitre explique cette miniature : « Ci commence le livre des trois vertus à l'enseignement des dames. » La miniature du second ouvrage représente une dame vêtue de bleu et coiffée d'un hennin relevé sur les côtés, assise dans une chaise derrière laquelle se tient une suivante, au milieu d'un verger entouré d'un mur, au-dessus duquel apparaît un fond quadrillé en damier. Un sergent suivi de deux hommes d'armes, et tenant un marteau d'armes, semble prendre ses ordres. Les vêtements de l'un des soldats sont *deschiquetés en barbe d'escrevisse*, ce qui, avec les coiffures contemporaines de Charles VI et tout l'ensemble de la miniature, fixe la date de ce manuscrit aux dernières années du quatorzième siècle, ou aux premières années du quinzième.

Bornons ici des descriptions qui ne sauraient avoir pour nos lecteurs, comme elles l'ont pour nous, le charme du souvenir évoqué ; et entrons dans le quinzième siècle qui vit successivement le plus bel épanouissement de l'art de l'enluminure et le commencement de sa décadence.

III.

Il est bien difficile, sinon impossible, de donner une idée complète de l'art du miniaturiste au quinzième siècle. Si l'on peut jusqu'à un certain point, pour les époques précédentes, noter des habitudes d'ornementation qui semblent résulter de règles fixes fidèlement suivies de tous les artistes, il y aurait témérité à entreprendre d'agir de même pour le quinzième siècle : on doit se borner à de vagues indications, qui, malgré leur peu de précision, pourront être souvent contredites par la fantaisie de quelque artiste. Il semble, en effet, qu'au quinzième siècle, l'espèce d'uniformité qui s'imposait précédemment aux enlumineurs se soit effacée devant la spontanéité individuelle. Ce n'est pas qu'il n'y ait plus d'écoles; loin de s'anéantir, elles se répandent et se subdivisent au contraire, et c'est précisément leur multiplicité qui les rend quelquefois assez difficiles à discerner.

Ce qui achève de rendre cette distinction très-incertaine, c'est que l'ornementation des manuscrits cesse d'être réservée aux imagiers, pour être confiée, au moins accidentellement, à des hommes qui, grâce aux progrès de la grande peinture, étaient devenus des artistes supérieurs. On comprend que leur talent, s'affranchissant de la routine des enlumineurs de profession et faisant à son tour école, ait introduit une grande diversité dans la décoration des livres ornés. Ces causes de variété furent encore secondées par la multiplicité des commandes résultant d'une plus grande vulgarisation de l'art et d'une répartition de moins en moins exclusive de la fortune publique.

Malgré ces obstacles, qui empêchent une classification rigoureuse, il n'est pas impossible de reconnaître, dans les manuscrits du quinzième siècle, certains caractères généraux qui se trouveront d'autant mieux observés que le livre sortira d'une main moins habile, en ce que le décorateur s'en sera tenu à une imitation modeste, faute d'un talent qui pût se donner carrière. La difficulté, du reste, n'est pas de reconnaître avec certitude les œuvres du quinzième siècle, (leur ensemble est tel que toute hésitation doit cesser au premier aspect), mais bien de démêler, dans le quinzième siècle lui-même, des questions d'origine souvent assez obscures, de justifier des attributions quelquefois hasardées, de distinguer entre divers maîtres ou diverses écoles et de préciser leur manière.

Ce qui sépare surtout les manuscrits du quinzième siècle de ceux des époques précédentes, c'est que les miniatures dont ils sont ornés tendent de plus en plus à s'éloigner du genre conventionnel et décoratif, pour se rapprocher de la peinture proprement dite et de l'imitation de la nature.

Ce changement était une suite naturelle des progrès artistiques qui venaient de s'accomplir en Flandre au commencement du siècle, sous l'inspiration des frères Van Eyck. On loue avec raison ces artistes de l'influence heureuse qu'ils exercèrent sur leur époque, et on a attribué les progrès qu'ils firent à la découverte de la peinture à l'huile. C'est cependant là leur moindre gloire; leur grand mérite n'est pas d'avoir transformé les procédés matériels, mais bien d'avoir innové dans la composition même, en substituant l'inspiration et l'observation personnelle à la tradition, en consacrant une étude profonde à l'art d'agencer et de rendre la draperie, en s'attachant avec un soin scrupuleux à reproduire les étoffes, les bijoux, les broderies, les armes, en un mot, tous les détails de toilette et d'ameublement, et surtout en abordant franchement l'étude de la nature, par l'introduction, ou, tout au moins, par le perfectionnement du paysage.

Ce n'est pas que le paysage n'existât avant eux à l'état rudimentaire; nous avons vu déjà, au quatorzième siècle, les personnages se détacher sur d'autres fonds que sur l'or ou sur des fonds ornés, et nous avons décrit notamment deux manuscrits de Christine de Pisan qui en fournissent un exemple; mais il manquait à ces imitations élémentaires de la nature ce qui fait vraiment le paysage : la perspective exacte et le ciel. Quand l'artiste avait à représenter une scène qui devait se passer en plein air, il était bien forcé d'ébaucher un terrain, d'y planter quelques arbres (assez semblables aux petits arbres frisés des bergeries en bois de Nuremberg) et de figurer au fond, soit une muraille, soit un château, soit l'entrée d'une ville. Mais, au-dessus des compositions de ce genre, on retrouve toujours l'inévitable quadrillé, qui atteste que les enlumineurs songeaient avant tout à la décoration et se mettaient fort peu en peine de la nature.

Les Van Eyck, au contraire, et, après eux, les Rogier Van der Weyden, les Hemling et l'école nombreuse qui fit la gloire de la peinture flamande au quinzième siècle, rompirent brusquement avec ces timidités routinières, et, par un trait de génie, percèrent, en quelque sorte, le fond de leurs tableaux, pour en faire comme une fenêtre ouverte par laquelle le regard pût embrasser la nature. Leurs paysages atteignirent dès les premiers essais une sûreté de perspective linéaire et une transparence de perspective aérienne qui font illusion par leur vérité et charment par la netteté et la grâce des détails, que les derniers plans offrent en foule aussi bien que les premiers.

Les peintres de manuscrits, marchant sur les traces de ces illustres guides, entreprirent, à leur exemple, de reproduire au vrai les mille accidents de la nature ; et, si quelques-uns de leurs ouvrages témoignent de plus de hardiesse que d'habileté, d'autres, sortis de mains exercées, approchent de la perfection et égalent, dans des dimensions réduites, les tableaux des plus excellents maîtres.

Les manuscrits du quinzième siècle sont donc, sans comparaison, les plus beaux : ils sont aussi les plus curieux, en ce qu'ils nous fournissent des renseignements de plus en plus précis sur les costumes, les armes, les jeux et les usages, et qu'ils nous montrent, en même temps que l'homme, le milieu matériel dans lequel il se meut, en nous mettant sous les yeux des églises, des châteaux, des villes avec leurs rues et leurs places, des intérieurs d'appartements, etc., dont les moindres détails sont rendus avec la plus exquise finesse et la plus naïve fidélité.

Mais il s'en faut de beaucoup que l'art du miniaturiste ait atteint du premier coup l'élévation dont nous venons de le louer. Ce ne fut que vers le milieu du siècle qu'il arriva à la perfection. Le premier tiers avait préparé ce progrès par une transition lente entre les traditions du quatorzième siècle et les procédés nouveaux.

Les manuscrits des vingt ou trente premières années du quinzième siècle diffèrent très-peu, dans leur ensemble, de ceux des dernières années du siècle précédent. Les miniatures sont conçues et exécutées de la même manière : les personnages, peints le plus souvent en couleurs éclatantes, sont posés sur un fond échiqueté ou losangé, ou bien sont entourés d'un simulacre de paysage. Ces miniatures ont, en général, la forme d'un rectangle dont la partie supérieure est quelquefois très-faiblement cintrée. Elles sont presque toujours entourées d'une bordure de feuillages dorés, qui n'est plus seulement l'appendice et comme le développement de l'initiale, mais qui constitue un véritable encadrement. Ces feuillages, imitant le lierre ou le houx, forment un semis de petites feuilles dorées reliées par des tiges très-fines, figurées par un trait à la plume. Fréquemment ces branchages partent d'un treillis analogue à ce qu'on appelle *fretté* en termes de blason, tracé en or et couleurs, qui occupe la partie intérieure de l'encadrement et forme des compartiments losangés, garnis de fleurs de lis, de quintefeuilles et d'autres ornements héraldiques. Quelquefois, chaque coin est occupé par une branche de feuillages longs et déchiquetés, peints en bleu ou en rouge très-vifs, qui se roulent et se recoquillent au milieu du semis de petites feuilles dorées. Quelques fleurs peintes au naturel, mais d'une manière assez sommaire, se glissent au milieu de cette végétation imaginaire. Ce sont, la plupart du temps, des bleuets, des coquelicots, des pâquerettes, des marguerites, etc. Enfin, des écussons et des emblèmes héraldiques viennent se mêler à cette ornementation, dont l'aspect est très-brillant, mais assez monotone malgré son éclat.

Nous trouvons tous ces caractères décoratifs rassemblés dans le livre d'Heures de Talbot, exécuté vers 1430, et prêté par M. Ramé. Ce volume, petit-in-8, de forme très-surélevée, est orné à l'endroit exposé de deux miniatures occupant les deux pages en vue. Celle de gauche représente la sainte Vierge assise sur un trône. A ses pieds sont agenouillés Talbot et sa femme, présentés, l'un par saint Georges, vêtu en chevalier, l'autre par sainte Marguerite. Cette scène se détache sur un fond échiqueté en or, bleu et rouge. Au-dessous de cette miniature, on voit les bannières des deux personnages surmontant, l'une un chien, l'autre un ours, compris chacun dans la jarretière anglaise. Une bordure de fleurs vertes, blanches et rouges, qui semblent être des pâquerettes juxtaposées comme les oves d'une moulure antique, occupe la marge extérieure. La miniature de droite représente la Salutation angélique au milieu d'un entourage de petits feuillages de houx dorés. L'exécution de ce manuscrit n'est pas des plus parfaites, et la conservation en est malheureusement assez défectueuse.

A mesure que le temps marche, les miniatures tendent à se rapprocher de la peinture, et les bordures se couvrent d'une ornementation végétale de plus en plus précise, imitant des fleurs, des fruits et des feuillages réels. Au milieu de cet entrelacement inextricable, perchent des oiseaux, grimpent des singes et se cramponnent de petits personnages. C'est vers le milieu du quinzième siècle que cette ornementation atteint son point culminant. Les livres d'Heures, surtout, semblent avoir été l'objet d'une attention et d'un soin tout particuliers. Les calendriers qui les précèdent sont ornés de scènes empruntées aux travaux et aux plaisirs de chaque mois, qui nous fournissent les indications les plus précieuses sur la vie privée de nos ancêtres. Les signes du zodiaque sont fréquemment peints au-dessus de ces miniatures, en camaïeu d'or sur fond d'azur, avec une finesse qui charme et surprend à la fois. Les pages qui commencent chaque partie des offices sont décorées de miniatures dans lesquelles non-seulement les personnages, mais aussi les paysages sont traités d'une manière ravissante de vérité et de délicatesse.

Des lointains profonds nous montrent des cavalcades chevauchant vers des châteaux forts assis sur des collines, des villes mirant leurs clochers et leurs tourelles dans les eaux d'un lac bordé d'habitations rurales aux toits aigus, des processsions s'avançant à travers des rues pavoisées, de nobles damoiselles dansant en rond avec des jouvenceaux, au son de la musette et du tambourin sur de vertes pelouses, etc., etc. Ces paysages sont-ils imaginaires, ou bien faut-il les considérer comme des vues exactes, peintes d'après nature et reproduisant des aspects aujourd'hui modifiés ? Nous pencherions vers cette dernière hypothèse ; car, dans quelques manuscrits, au milieu d'un ensemble aujourd'hui méconnaissable, on retrouve certains monuments encore existants, copiés avec une scrupuleuse fidélité.

Très-souvent ces miniatures sont accompagnées de compartiments réservés dans la bordure, et renfermant de petites scènes qui se rapportent au sujet principal. Dans les manuscrits soignés, toutes les pages sont accostées d'une bordure qui occupe la marge latérale extérieure. Enfin les bouts de lignes, que la fin des textes laisse vides, sont remplis par d'élégantes barres en couleurs, chargées de fins ornements dorés ou gouachés en blanc. Au milieu d'un tel luxe décoratif, les initiales perdent beaucoup de leur importance. Elles ne forment plus qu'un des mille détails de cette ornementation exubérante et sont abandonnées à des mains subalternes et routinières, qui continuent souvent de travailler d'après des modèles archaïques, tandis que des spécialistes plus habiles se chargent des entourages et que de vrais artistes peignent les miniatures. Néanmoins, la plupart de ces lettres sont fort élégantes, soit qu'elles aient encore conservé leur fond d'or bruni, soit que, rejetant aussi cet éclat suranné, déjà banni de tout le reste de la décoration, elles servent de cadre à de fines miniatures, ou qu'elles se détachent en camaïeu blanc ou or sur un fond de couleur.

M. Didot possède plusieurs manuscrits admirables de cette époque ; entre autres une traduction de la *Consolation de Boëce.* Ce volume, petit in-4, est orné d'une grande miniature représentant, à gauche, sous un édicule, un roi de France assis sur un trône fleurdelisé et entouré de ses serviteurs, et, à droite, dans un autre édifice tendu de rouge, une reine debout près de l'auteur ou du traducteur, qui réfléchit en composant son ouvrage. Entre ces deux scènes on aperçoit une rue pleine de personnages et un fond de ville avec des clochers. Tout cela est traité avec un esprit charmant, une perspective admirable et une finesse délicieuse. Une bordure composée d'un entrelacement de houx dorés et de rinceaux de feuillages entoure cette belle composition.

Un délicieux petit livre d'Heures, appartenant également à M. Didot, présente bien aussi les caractères que nous venons d'indiquer. Le volume est ouvert au commencement de l'office des Morts; une miniature de la plus exquise délicatesse représente un enterrement. Dans un cimetière attenant à une église dont on voit la façade, des fossoyeurs creusent une fosse en présence du clergé. Le corps nu est déposé sur une dalle. L'âme, représentée par une petite figure nue sortant de la bouche du cadavre, est disputée par le démon à saint Michel, armé en chevalier, qui terrasse son adversaire avec l'extrémité d'une croix. Dieu apparaît dans le ciel et semble se préparer à recevoir l'âme du défunt. Le cimetière est entouré d'une clôture par-dessus laquelle on aperçoit les maisons et les monuments d'une ville. Cette jolie miniature est encadrée dans un entourage composé de grands feuillages bleus et rouges d'où partent des branchages verts, entre les enlacements desquels de petites feuilles dorées comblent les vides. La page qui fait face à cette miniature est ornée d'une bordure formée de petits houx or et bleu, mêlés de quelques feuilles vertes.

Durant la seconde moitié du quinzième siècle, l'art du miniaturiste se divise en plusieurs écoles qui, bien qu'ayant entre elles une grande affinité, se séparent néanmoins par quelques traits particuliers. Celle qui fut la plus florissante, tant par sa vie propre que par l'influence qu'elle exerça sur toutes les autres, fut l'école flamande. Ses œuvres se caractérisent par une imitation plus ou moins savante des tableaux de Thierry Stuerbout, de Rogier Van der Weyden, de Hemling et de leurs contemporains. C'est dire qu'elle ne se borna pas à copier avec une patience minutieuse les détails multiples de la nature et les mille objets de la vie usuelle ; mais qu'elle rechercha le *style,* c'est-à-dire, la noblesse des attitudes et la belle ordonnance des draperies.

Néanmoins, celles-ci perdirent quelque chose de la

simplicité et du moelleux que leur avaient communiqués les Van Eyck pour adopter une raideur recherchée qui fait déjà pressentir les plis anguleux de l'extrême fin du siècle. Cette école sut aussi, à l'exemple des maîtres qu'elle suivit, donner à certaines physionomies une beauté tranquille que l'art chrétien a seul pu rencontrer, et, si quelques têtes sont peintes avec une vérité un peu trop fidèle et un réalisme quelque peu trivial, ce défaut de forme est racheté, en général, par une grande expression de beauté morale.

Dans les manuscrits flamands de cette époque, ou dans ceux qui furent exécutés sous l'influence flamande, les bordures sont formées d'un fond de couleur ou d'or peu brillant, sur lequel se détachent des fleurs, des fruits et des feuillages réels, copiés sur nature, assez clair-semés, et ne formant point de rinceaux. Cette végétation est animée par des oiseaux, des papillons et d'autres insectes peints avec une grande vérité. Cette ornementation plaît par l'exactitude des détails; mais il faut reconnaître que l'ensemble en est peu décoratif. Ce n'est là, d'ailleurs, que l'accessoire; car, dans ces manuscrits, les bordures sont peu de chose, la miniature encadrée est tout. Ces miniatures sont quelquefois, en petit, de véritables tableaux.

M. Giélen, membre de la Société archéologique du duché du Limbourg, en a exposé une dont on ne saurait trop admirer l'heureuse composition et l'incroyable finesse. Cette miniature, page détachée sans doute d'un manuscrit, représente le sujet bien connu de la messe de saint Grégoire le Grand. Au moment où le pontife consacre la sainte hostie, Notre-Seigneur apparaît visiblement sur l'autel. Il est attaché à la colonne, autour de lui sont groupés tous les instruments de son supplice. Dans une sorte de nuage, et comme à travers un brouillard, apparaissent tous les personnages qui prirent part à la Passion : Judas, Caïphe, Pilate, le centurion ; tous les bourreaux et tous les persécuteurs. Le Pape, prosterné au pied de l'autel, est assisté d'un cardinal vêtu de rouge et d'un archevêque vêtu de bleu. Un quatrième personnage est à genoux tout au fond de l'église, dont l'architecture est rendue avec la perspective la plus rigoureuse. Il n'y a pas de tabernacle sur l'autel. Quatre colonnes, dont le sommet est recouvert d'une espèce de petit pavillon qui pend de la voûte, doivent supporter des réserves eucharistiques. Cette miniature est le *nec plus ultrà* de la délicatesse, et la difficulté que présentait l'effet nébuleux qui entoure le Christ a été surmontée avec un véritable talent. On croirait voir une peinture de Rogier Van der Weyden, tant ce joli ouvrage offre d'analogie avec le beau tableau de ce maître représentant les sept sacrements, qui est conservé au musée d'Anvers.

M. Didot a exposé aussi un charmant manuscrit, petit in-12, appartenant à cette école et à la fin du siècle. La miniature en vue représente la Nativité, traitée avec une délicatesse de touche et une pureté de coloris vraiment délicieuses. Une bordure ornée de fleurs et d'oiseaux au naturel, se détachant sur fond rouge, encadre cette charmante composition.

Un volume grand in-folio, prêté par M. le baron de

Gommecourt, paraît aussi se rattacher à l'école flamande ou, du moins, devoir beaucoup à son influence. Il appartient aux dernières années du quinzième siècle. La miniature en vue, tant par ses qualités que par ses dimensions exceptionnelles, est presque un petit tableau. On y voit des docteurs, des moines et des cardinaux conversant dans un édifice qui semble être une église. La composition est très-belle, les draperies excellentes et l'exécution parfaite. Cette miniature est entourée d'un encadrement à fond d'or sur lequel s'épanouissent de grosses fleurs, mûrissent des fraises et voltigent des papillons. Au bas, on voit deux écussons surmontés d'une crosse et d'une mitre.

Un autre livre d'heures in-8, appartenant aussi, croyons-nous, à M. Didot, est décoré d'une miniature carrée représentant le Christ vu en buste d'assez grandes proportions. Cette figure est étudiée avec le plus grand soin, quoique les carnations soient d'un rouge saumoné qui n'est peut-être pas très-heureux. Ce buste rappelle, au point de paraître une copie, le beau tableau de Van-Eyck qui est conservé au musée de Bruges.

L'art flamand, prédominant au quinzième siècle, s'imposa plus ou moins, ainsi que nous l'avons dit, à tous les autres pays; mais nulle part cette influence ne se fit mieux sentir qu'en Bourgogne, grâce aux goûts artistiques de Philippe le Bon, qui avait fait venir à sa cour des artistes du Nord. Nous attribuons à cette école un beau livre d'Heures appartenant à M. Didot. Ce volume, qui a conservé les bordures de houx doré et qui semble exécuté vers 1450, est ouvert à l'office des morts. Une grande miniature, entourée de feuillages dorés avec des rinceaux de couleurs dans les angles, représente une messe des morts, qui se dit dans une vaste église, en présence de nombreux assistants. De petits médaillons entourent cette scène principale et représentent les diverses phases de la mort et de la sépulture : la réception des derniers sacrements, l'ensevelissement, l'inhumation, etc. La page en face est ornée aussi de médaillons réservés dans la bordure et occupés par une danse macabre.

Nous faisons aussi honneur à la Bourgogne, quoique avec une certaine hésitation, du poëme des *Trois Ages de l'homme*, in-4, exposé également par M. Didot, et orné de plusieurs belles miniatures à pleine page. L'une d'elles, qui doit se rapporter au troisième âge, représente une demi-douzaine de seigneurs, en robe longue, jouant aux échecs au milieu d'une salle dont le fond est tendu d'une tapisserie verte brochée d'or. Sur un des côtés on voit une crédence chargée de vaisselle d'argent. Cette miniature est délicieuse, tant par sa composition que par l'expression des figures, les curieux détails de costume et d'ameublement et l'extrême finesse avec laquelle elle est exécutée.

Nous citerons encore un grand in-8, appartenant à M. Didot et contenant une chronique de Bourgogne. Une des pages de ce volume, exécuté tout à fait à la fin du siècle, représente, sous un portique, l'auteur tenant un listel sur lequel est écrit le titre. La page qui fait face nous montre saint André marchant au supplice, au milieu d'une ville dont les détails sont très-curieux. Une bordure à fond d'or, couverte de fleurs et de paons, entoure ces deux miniatures.

Une autre école plus française brilla aussi durant la seconde moitié du quinzième siècle ; ce fut l'école de Tours, qui eut pour fondateur Jehan Fouquet, peintre et miniaturiste, dont on parle beaucoup, mais dont on a fort rarement occasion d'étudier des œuvres authentiques. C'est à cet artiste qu'il faut attribuer, selon l'opinion générale, une miniature détachée appartenant à M. Didot et représentant le Calvaire. Une troupe de soldats, à pied et à cheval, descend sur le premier plan; le fond est occupé par les trois croix, près desquelles on aperçoit quelques gardes et le groupe des saintes femmes qui assistèrent à l'agonie du Sauveur. Cette miniature est très-belle et donne, dans des proportions restreintes, l'idée d'un grand talent.

L'époque qui nous occupe vit encore naître une école, connue sous le nom d'école d'Alby, qui excella dans la grisaille légèrement teintée, et qui, malgré la pauvreté apparente de ses procédés, produisit des œuvres qui ne le cèdent en rien aux manuscrits les plus éclatants. Il faut attribrer à cette source un livre d'heures, petit in-12, appartenant à M. Didot. L'une des deux pages exposées représente Notre-Seigneur marchant sur les flots et soutenant saint Pierre. La pose des personnages, le petit navire qu'on aperçoit sur la droite, la délicatesse de la touche, l'harmonie de l'or et de la grisaille et la douceur de l'entourage, formé d'un lacis de feuillages blancs, bleus et roses, au milieu desquels se jouent des personnages, tout concourt à donner à cette miniature un charme délicieux. La page qui fait face est ornée d'une miniature représentant la sainte Vierge tenant l'enfant Jésus, et traitée aussi avec une finesse remarquable.

Enfin, outre les livres ornés sortis de ces diverses écoles, dont il est plus facile de distinguer les œuvres *de visu* que de préciser théoriquement les différences, il existe un très-grand nombre de manuscrits qu'on ne saurait rattacher à l'une plutôt qu'à l'autre, et qu'il faut désigner sous la rubrique un peu vague de *manuscrits français de la fin du quinzième siècle*. Les miniatures qui décorent ces livres sont comprises, la plupart du temps, dans des encadrements rectangulaires divisés en compartiments carrés, *losangés*, *bandés* ou *émanchés*, à fond d'or mat sur lequel courent des rinceaux de couleurs auxquels se mêlent des oiseaux, des singes, des insectes, des monstres chimériques et des grotesques. Tous ces ornements sont en général exécutés avec un grand fini; mais, malgré leur variété, ils fatiguent bien vite et excitent plus d'étonnement que d'admiration. Quelquefois ces entourages sont remplacés par des encadrements d'architecture empruntés au gothique flamboyant, modifié parfois par un pressentiment de la Renaissance. Ces compositions architecturales sont exécutées, le plus souvent, en camaïeu d'or, et forment des vides qui sont remplis par de petites scènes accessoires du sujet principal.

Tel est un joli livre d'heures in-8°, exposé par M. André Gayet, et orné d'une miniature représentant la *Présentation de la sainte Vierge*. L'entourage est formé de pilastres gothiques entre lesquels sont représentées la sainte Vierge occupée à tisser et la Salutation angélique. Dans les pilastres mêmes sont ménagées des niches dans lesquelles se tiennent de saints personnages.

A mesure qu'on approche du seizième siècle et que l'influence de la Renaissance se fait sentir, les miniatures tendent à perdre le caractère décoratif, pour jouer au tableau. Si quelques artistes peuvent, par leur talent, se faire pardonner cette déviation, d'autres, moins habiles, ne parviennent qu'à produire des œuvres prétentieuses, nulles au point de vue de l'art pur et très-pauvres au point de vue de l'ornementation. Les personnages ont, en général, une grandeur démesurée, une tête énorme avec de très-gros traits, une physionomie insignifiante et un buste sans proportion avec les jambes grêles qui le soutiennent, imperfections que ne peuvent racheter ni l'éclat du coloris, rehaussé de touches dorées qui forment les lumières des plis des vêtements et décorent les objets accessoires et même le paysage, ni l'adresse de main qui se fait souvent remarquer au milieu de ces défauts.

Il y aurait tout un travail à faire sur cette époque si complexe qui forma la transition entre le gothique agonisant et la Renaissance déjà commencée en Italie, époque qui comprend le règne de Charles VIII et une partie de celui de Louis XII. Mais, outre qu'une telle étude exigerait de longs développements, cet examen sortirait du cadre que nous nous sommes imposé. Il se rapporterait, en effet, à l'art en général plutôt qu'aux manuscrits; car déjà l'enluminure n'existe plus que comme une tradition. L'imprimerie, qui doit tuer la calligraphie, est née et se vulgarise de plus en plus : le talent va être supplanté par le métier, comme, de nos jours, l'art charmant de la gravure ne tardera pas à être anéanti par l'inintelligente et banale photographie.

Nous n'entreprendrons donc pas d'examiner, en détail, tous les manuscrits de la fin du quinzième siècle qui figurent à l'Exposition. Nous ne pouvons même essayer d'en citer quelques-uns; car tous sont très-remarquables et demanderaient une mention particulière. Comment choisir au milieu d'in-folios comme les évangéliaires de Mgr de la Tour d'Auvergne, le *Gaston Phébus,* de M. le marquis de la Baume-Pluvinel, et le *Commentaire de Lyra,* de la bibliothèque de Troyes, qui sont décorés de miniatures à pleines pages ressemblant à de petits tableaux de chevalet, et au milieu de ces nombreux livres d'Heures dans lesquels le souvenir historique le dispute au mérite de l'art? Comment décrire les Heures d'Anne de Beaujeu, de Marguerite de Rohan, de René de Lorraine et de tant d'autres personnages célèbres? Nous ne pouvons, toutefois, résister au désir de mentionner le précieux volume appartenant à M. Didot, et connu sous le nom de *Petites Heures de la reine Anne de Bretagne*. Les miniatures qui décorent ce livre sont traitées en grisaille teintée et rehaussée d'or, avec une finesse achevée et une grande richesse de composition. L'une de ces miniatures représentant, croyons-nous, Gédéon, nous offre la figure de ce guerrier sous les traits de Louis XII, et ajoute ainsi un grand intérêt historique au mérite artistique de ce livre d'Heures. Des A entrelacés dans les bordures et mêlés à la cordelière d'Anne de Bretagne ne laissent pas de doute sur l'authenticité de l'attribution illustre que l'on donne à ce manuscrit.

Le commencement du seizième siècle vit s'éteindre l'art de l'enluminure. Les peintres de manuscrits, qui avaient commencé à travailler vers la fin du siècle précédent continuèrent d'exercer leur art sans le modifier, et décorèrent ces volumes nombreux qui, bien qu'exécutés dans les premières années du seizième siècle, semblent encore appartenir au gothique finissant; mais ils ne formèrent pas de nouveaux élèves.

Le seizième siècle produisit cependant d'admirables livres ornés, tels qu'un in-folio exécuté vers 1530 et prêté par M. Didot, représentant au milieu d'une belle composition architecturale le Crucifiement, qui occupe les deux pages ouvertes; tels que le bréviaire du cardinal de Meudon, prêté également par M. Didot et exécuté vers 1540, et que le livre d'où a été détachée la miniature exposée par M. B. Fillon et représentant les travaux du mois d'août; mais, comme nous l'avons déjà dit plusieurs fois, des œuvres de ce genre appartiennent à l'histoire de l'art et non à celle de l'enluminure.

Nous ne pouvons non plus rattacher à l'art du miniaturiste quelques manuscrits exécutés, par exception, au dix-septième et au dix-huitième siècle, tels que ceux de Jarry, de Rousselet, de Chasteau et de quelques autres, qui furent des calligraphes de talent, mais dont les miniatures, composées dans le goût théâtral de ces époques, ne sont l'œuvre ni d'un véritable artiste ni d'un naïf imagier.

Terminons donc, avec le quinzième siècle, cette étude déjà trop étendue, en demandant pardon à nos lecteurs d'avoir abusé si longuement de leur patience.

Nous ne nous sommes point proposé d'écrire un traité de l'histoire des manuscrits ; nous avons, au contraire, laissé dans l'ombre plusieurs questions qu'il nous eût fallu aborder si nous eussions eu la prétention d'être complet. Ainsi nous n'avons pas parlé de la calligraphie proprement dite, ni de ces belles lettres ornées à la plume, qui tiennent une si grande place dans les manuscrits de toutes les époques, et se marient si heureusement à tout l'ensemble de leur décoration. Nous n'avons rien dit de la condition des calligraphes et des enlumineurs, sur lesquels il nous est parvenu de si curieux renseignements. Enfin, nous ne nous sommes pas occupé des reliures, qui sont comme le vêtement du livre, et sur lesquelles il y aurait à faire des réflexions qui intéresseraient la philosophie presque autant que l'histoire de l'art.

Nous avons voulu seulement, à propos de l'exposition des manuscrits anciens, donner une idée générale des procédés du miniaturiste aux diverses époques de notre art national, afin d'expliquer, en quelque sorte, cette collection temporaire à ceux qui iront la visiter avant sa prochaine dispersion, et de faire comprendre son importance exceptionnelle.

Malgré la réserve que nous nous sommes imposée, nous croyons en avoir dit assez pour que ceux de nos lecteurs qui savent retrouvent dans nos appréciations un écho de leurs propres jugements, pour que ceux qui ignorent sentent s'éveiller en eux le désir de pénétrer plus avant dans un monde dont nous leur avons entre-bâillé les portes, pour que tous enfin reconnaissent que les œuvres de nos pères sont dignes de prendre place auprès des plus beaux travaux de notre époque, et que, si l'art contemporain a créé des merveilles, il y eut aussi, dans le passé, des chefs-d'œuvre que le progrès moderne égale à peine et qu'il ne saurait surpasser.

OUVRAGES DU MÊME AUTEUR :

Castelfidardo ; Laval, Mary-Beauchêne, 1860. In-8°. 50 c.

Le vrai et le faux Libéralisme ; Paris, Lethielleux, 1866. In-8° de 306 pages. 3 fr. »

Essai sur l'histoire de l'Armement en France, depuis la fin de l'époque gallo-romaine jusqu'au dix-huitième siècle. Ire partie. Paris, Didron, 1868. In-8° de 86 pages et 8 planches. 3 fr. 50

Paris. — Imprimerie Adolphe Lainé, rue des Saints-Pères, 19.

www.ingramcontent.com/pod-product-compliance
Ingram Content Group UK Ltd.
Pitfield, Milton Keynes, MK11 3LW, UK
UKHW020358220726
13923UKWH00004B/1652

9 782019 278229